11 activités AUTOMNE-HIVER

1 **MARRONNIER** sur ton balcon

2 **TABLEAU VÉGÉTAL** de lentilles

3 **PATATE DOUCE** germée

4 **FLEURS** d'hiver

5 **FORÊT TROPICALE** en bocal

6 **HERBE** chevelue

7 **BAMBOU** gingembre

8 **PLANTES VIVANTES** carnivore et sensitive

9 **SOUCIS** en conserve

10 **ARBRE ÉPOUVANTAIL**

11 **COMPOST** sur ton balcon

JARDIN zen

PLANTE VIVACE

IL TE FAUT

- jolis cailloux et galets
- 3 plants de cactus (*Cleistocactus chrysocephalus*, *Opuntia subulata*, *Echinocactus grusonii*) et 3 plantes grasses (*Crassula ovata*, *Aloe reitzii*, *Aenium velour*)
- sable
- billes d'argile
- terreau spécial cactus

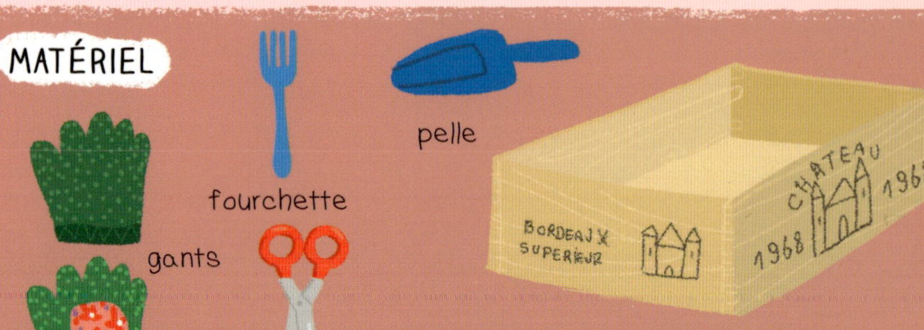

MATÉRIEL

- gants
- fourchette
- pelle
- ciseaux
- caisse en bois (type caisse à vin)

1. Dépose des BILLES D'ARGILE au fond de la caisse.

2. Remplis-la de TERREAU à cactus au 2/3 de la hauteur et creuse 6 trous à égale distance.

3. Mets les gants et DÉPOTE les cactus pour les REPIQUER.

4. COMBLE les trous avec du TERREAU, en TASSANT bien autour.

5. Dépose du sable fin tout autour des cactus et dessine des motifs en forme de petites vagues, à l'aide de la fourchette.

6. Décore tes plantations de cailloux et de galets puis mets ton arrangement à l'extérieur dès qu'il ne GÈLE plus.

PLANTE VIVACE

SEPTEMBRE OCTOBRE

MARRONNIER sur ton balcon

IL TE FAUT

jolis cailloux et galets

3 marrons ramassés dans la forêt

terreau

MATÉRIEL

couteau

pot de fleurs en terre de 30 cm de diamètre

cure-dents

3 pots de yaourt en verre bien propres

1 Fais 4 trous autour du marron avec un couteau pointu, pour y piquer les cure-dents.

2 Remplis les pots de yaourt d'eau de telle façon que la base des marrons y trempe.

3 REPIQUE les marrons dans la terre, dès que des racines apparaissent.

4 Remplis le pot de TERREAU et fais 3 trous pour y REPIQUER les marrons. Recouvre-les d'une petite couche de TERREAU.

5 Arrose-les bien et décore le pot avec de jolis cailloux.

6 Mets ton pot dehors dès qu'il ne GÈLE plus. Au bout de 6 mois, un ou plusieurs petits marronniers auront poussé.

BÉGONIAS
en bouture

PLANTE VIVACE

IL TE FAUT

- 2 belles feuilles de *Bégonia saintpaulia*
- petits cailloux
- sable
- terreau

MATÉRIEL

- 2 pots de fleurs en terre de 20 cm de diamètre
- 2 élastiques
- pelle
- soucoupe
- couteau
- 2 sacs de congélation
- seau

1 MÉLANGE dans un seau du TERREAU et du sable, à parts égales. Puis remplis chaque pot de cette composition jusqu'à 5 cm du bord.

2 Pose les 2 feuilles de bégonia sur l'envers. Fais plusieurs ENTAILLES avec un couteau sur les plus grosses NERVURES.

3 Pose ensuite les feuilles, côté INCISÉ, sur le mélange TERREAU/ sable.

4 Dépose plusieurs petits cailloux sur les feuilles pour les maintenir bien à plat.

5 Enveloppe les pots avec des sacs de congélation maintenus par des élastiques. Trempe-les dans une SOUCOUPE remplie d'eau pour que la terre s'en imprègne bien (environ 20 minutes).

6 Vérifie que la terre soit toujours HUMIDE. Retire les sacs de congélation quand les PLANTULES auront bien poussé (environ 3 cm).

TABLEAU VÉGÉTAL de lentilles

PLANTE ANNUELLE

IL TE FAUT

boîte de lentilles vertes du Puy

MATÉRIEL

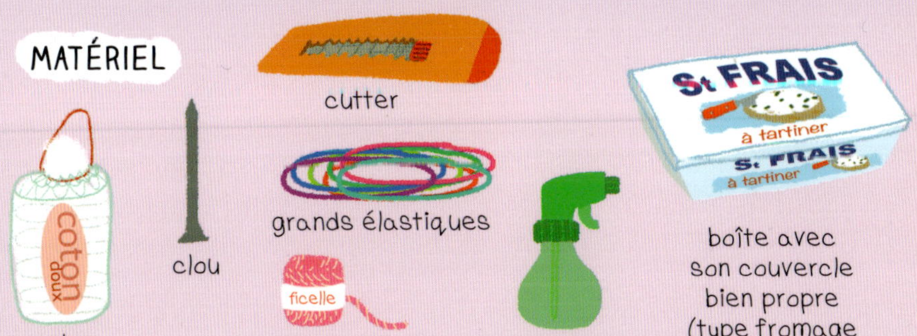

cutter

clou

grands élastiques

coton hydrophile

ficelle

vaporisateur

boîte avec son couvercle bien propre (type fromage à tartiner)

1. Perce sur un côté de la boîte 2 trous espacés avec un gros clou. Passes-y la ficelle et noue-la pour former une attache.

2. Tapisse la boîte d'une couche épaisse de coton. HUMIDIFIE-le bien.

3. Découpe une fenêtre dans le couvercle transparent et ferme la boîte.

4. Dispose régulièrement des élastiques tout autour de la boîte, dans un sens puis dans un autre pour former une grille.

5. Prends une grosse poignée de lentilles, éparpille-les uniformément sur le coton. Arrose à nouveau.

6. Accroche ton tableau au mur quand les lentilles ont poussé et cachent les élastiques. Arrose-les régulièrement avec le vaporisateur.

JARDIN AROMATIQUE antimoustique

IL TE FAUT

MATÉRIEL

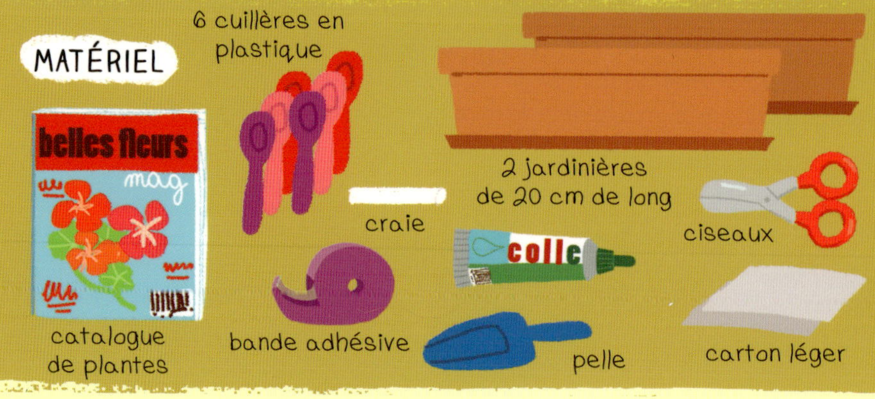

1 Dépose des BILLES D'ARGILE au fond des JARDINIÈRES. Recouvre-les de TERREAU jusqu'à 3 cm du bord.

2 Trempe les godets dans l'eau pendant quelques minutes. DÉPOTE délicatement les PLANTS. DÉTASSE la terre autour des racines.

3 Sépare les « secs » : thym citron, verveine citronnelle, romarin, des « assoiffés » : basilic, menthe, ciboulette. REPIQUE-les en COMBLANT les trous avec du TERREAU, en TASSANT bien. Arrose-les.

4 Découpe dans un catalogue de jardinage les images avec les noms correspondant aux plantes, ou écris les toi-même. Colle-les sur un rectangle de carton.

5 Colle chaque étiquette avec une bande adhésive sur une petite cuillère. Pique-la au pied de la plante concernée, pour être sûr de la reconnaître.

PLANTE ANNUELLE

OCTOBRE NOVEMBRE

+ 15 °C

PATATE DOUCE germée

IL TE FAUT

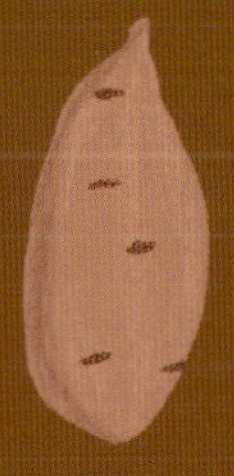
patate douce

terreau

MATÉRIEL

pot de fleurs en terre de 50 cm de diamètre

cutter

pot de crème dessert

pot de confiture

1. Coupe le pot de crème dessert à 1 cm de la collerette.

2. Pose la collerette sur le pot de confiture rempli d'eau, de telle façon que la base de la patate douce y trempe.

3. REPIQUE la patate dans la terre, dès que des racines apparaissent.

4. Remplis le pot de TERREAU en laissant un trou assez profond. PLANTE la patate délicatement pour ne pas abîmer les racines, COMBLE le trou avec de la terre, TASSE et arrose.

5. Mets le pot dehors. Arrose-le régulièrement. En quelques semaines, beaucoup de feuilles vont apparaître.

6. DÉRACINE la plante quand les feuilles jaunissent et se flétrissent. Tu découvriras alors d'autres patates dans la terre. Tu pourras les manger.

CACTUS d'ananas

PLANTE ANNUELLE

IL TE FAUT

- ananas bien mûr
- terreau

MATÉRIEL

- bande adhésive
- cure-dents
- couteau
- crayon
- ciseaux
- pot de fleurs en terre de 20 cm de diamètre
- feuilles de papier épais
- pot en verre bien propre

1 Coupe la partie touffue de l'ananas et enlèves-en les premières feuilles pour que la BOUTURE soit bien nette.

2 Remplis le pot en verre d'eau jusqu'à 3 cm du bord de telle façon que la base de la BOUTURE y trempe.

3 Quand des racines apparaissent, REPIQUE la BOUTURE dans la terre.

4 Mets du TERREAU dans le pot et fais un trou de la taille de ton poing. Déposes-y délicatement la BOUTURE et COMBLE le trou avec de la terre en la TASSANT bien. Arrose-la.

5 Pendant la pousse, dessine de petits animaux exotiques : un tigre ; un lion ; un perroquet ; un singe, sur du papier épais. Découpe-les et colle-les sur un cure-dents, puis PLANTE-les dans la terre tout autour du cactus.

FORÊT TROPICALE en bocal

PLANTE VIVACE

IL TE FAUT

- cailloux
- mousse
- gravier de couleur
- sable
- terreau
- *Hemigraphis colorata*
- *Fittonia rose*
- *Fittonia rouge*
- *Chlorophytum*
- fougère

MATÉRIEL

- cuillère en bois à long manche
- vaporisateur
- seau
- grand bocal à conserve avec couvercle

1. Dépose une couche de 2 cm de petits cailloux au fond du bocal.

2. Recouvre-la d'une couche de gravier de 2 cm.

3. MÉLANGE dans un seau 4 cuillères de TERREAU et 4 cuillères de sable. Remplis le bocal de cette composition jusqu'à 6 cm du bord.

4. DÉPOTE les plantes. Creuse autant de trous qu'il y a de végétaux.

5. REPIQUE les plantes, sans oublier la mousse, en recréant un vrai jardin miniature. Ferme ton bocal.

6. Installe le bocal près d'une source de lumière, arrose les plantes régulièrement avec le vaporisateur. Ouvre le bocal de temps en temps pour qu'il n'y ait pas trop de buée.

HARICOTS en serre

PLANTE ANNUELLE

IL TE FAUT

gravier

terreau

sachet de graines de haricots

MATÉRIEL

crayons de couleur

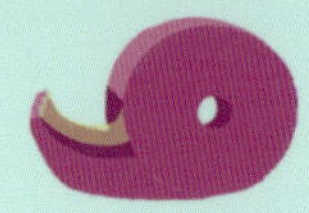

bande adhésive

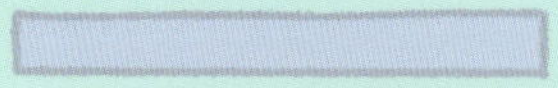

bande en carton de 3cm de large

verre

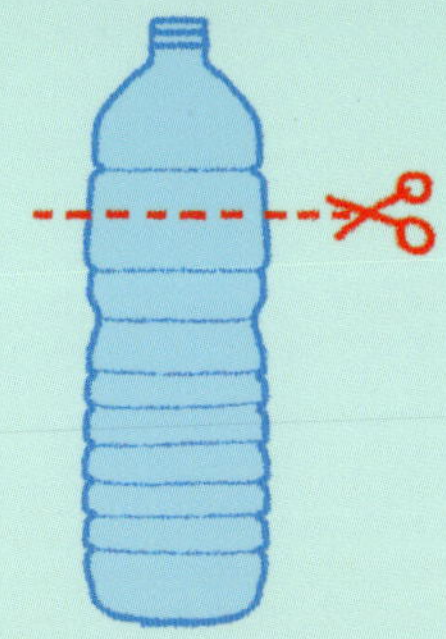

bouteille en plastique découpée selon le modèle

1 Remplis le fond de la bouteille de GRAVIER et recouvre-le de TERREAU. Arrose l'ensemble.

2 Déposes-y 3 ou 4 GRAINES de HARICOTS et recouvre-les de TERREAU en TASSANT bien avec un verre.

3 Utilise la partie haute de la bouteille pour fermer la serre. Pose-la près d'une source de lumière et arrose-la régulièrement.

4 Trace des traits tous les 1 cm sur la bande en carton pour vérifier la pousse des haricots. Colle la règle le long de la bouteille avec une bande adhésive.

5 Lorsque la tige mesure 12 cm, enlève le haut de la bouteille. N'oublie pas d'arroser régulièrement la terre, elle doit être toujours HUMIDE.

6 RÉCOLTE les haricots, si tu les ouvres, tu y découvriras d'autres GRAINES. Tu peux aussi les manger.

SOUCIS en conserve

IL TE FAUT

sachet de graines de soucis

terreau

MATÉRIEL

3 pots de petits-suisses

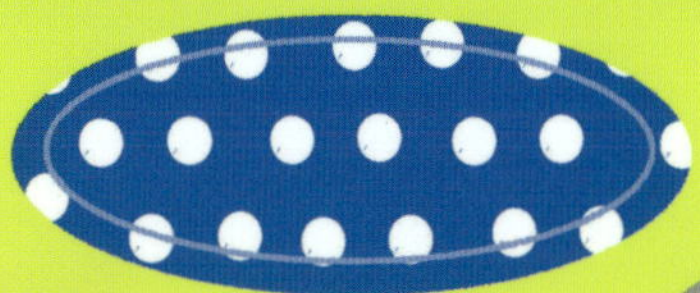

plateau

3 boîtes de conserve avec de jolies étiquettes percées au fond

1. Remplis chaque pot de petit-suisse de TERREAU. Creuse un trou avec ton doigt pour y déposer 3 GRAINES.

2. Rebouche les trous avec de la terre en la TASSANT bien. ARROSE-les EN PLUIE.

3. Mets les pots sur un plateau près d'une source de lumière et de chaleur.

4. Remplis chaque boîte de conserve de TERREAU et forme un trou avec ton poing.

5. DÉPOTE chaque plant. REPIQUE-le et COMBLE les trous avec de la terre en la TASSANT bien. Arrose tes plantations.

6. Mets tes plantations dehors dès qu'il ne GÈLE plus. Groupe-les pour faire un bel ensemble.

PLANTE VIVACE

JANVIER AOÛT

SALADES en cagette

IL TE FAUT

- coquilles d'œufs nettoyées et concassées
- 6 plants de salade
- terreau

MATÉRIEL

- sac-poubelle
- feutre
- crayon
- bande adhésive
- ciseaux
- papier épais
- agrafeuse
- baguette chinoise coupée en 2
- petite cagette en bois (à fraises ou cerises)

1. TAPISSE entièrement le fond de la CAGETTE avec le sac-poubelle et agrafe-le bien. Découpe les parties qui débordent.

2. Trempe les godets dans l'eau pendant quelques minutes. DÉPOTE délicatement les PLANTS et DÉTASSE la terre autour des racines.

3. Remplis la CAGETTE de TERREAU jusqu'à 3 cm du bord. REPIQUE les plants et COMBLE les trous avec de la terre en la TASSANT bien. Arrose les pieds de salade en soulevant les feuilles.

4. Saupoudre les coquilles d'œufs autour des pieds de salade pour que les escargots et les limaces ne les dévorent pas.

5. Découpe un rectangle de papier. Dessine un escargot que tu barres au feutre rouge. Colle ta pancarte sur une baguette chinoise coupée en deux et PLANTE-la dans le pot.

6. RÉCOLTE la salade quand son cœur est dense au toucher.

ARBRE ÉPOUVANTAIL

IL TE FAUT

MATÉRIEL

1 Dessine, sur la partie non imprimée du carton, des feuilles de formes différentes avec leurs tiges.

2 Colle ta feuille en carton sur l'aluminium et découpe la forme dessinée. Renouvelle l'opération sur l'autre côté du carton.

3 Trace les NERVURES des feuilles avec le manche d'un pinceau, de chaque côté.

4 À l'aide du marteau et du clou, perce les tiges de chaque feuille. Passe le fil de fer dans les trous et fais une boucle.

5 Fais également une boucle avec le fil de fer autour des emporte-pièce.

6 Accroche les feuilles et les emporte-pièce sur la branche à des hauteurs différentes, ainsi ce sera plus joli et le vent passera mieux au travers.

RADIS sur ton balcon

PLANTE ANNUELLE

IL TE FAUT

sachet de graines de radis

terreau

MATÉRIEL

épingle

pelle

grande jardinière de 50 cm de long

bougie

1/2 bouchon de liège

bouteille en plastique

1. Remplis la JARDINIÈRE de TERREAU jusqu'à 3 cm du bord. Arrose bien la terre sans la DÉTREMPER.

2. Sème les GRAINES et recouvre-les d'une petite couche de TERREAU en TASSANT bien. ARROSE-les EN PLUIE. Place la JARDINIÈRE dans un endroit lumineux et à l'ABRI du vent.

3. ÉCLAIRCIS les pousses en arrachant doucement quelques-unes d'entre elles pour permettre aux autres de mieux se développer.

4. Enfonce une épingle dans le demi-bouchon de liège, chauffe-la à la flamme de la bougie et perce 4 petits trous dans le bouchon en plastique. Remplis la bouteille d'eau et ferme-la.

5. PLANTE la bouteille dans la JARDINIÈRE en enfonçant bien le bouchon dans la terre. Vérifie bien qu'il y ait toujours de l'eau dedans.

6. Commence à RÉCOLTER tes premiers radis. Ne les laisse pas trop grossir, sinon ils ne seront pas bons !

COMPOST
sur ton balcon

IL TE FAUT

- déchets de cuisine (sauf agrumes, viandes, laitages, poissons ou crustacés)
- déchets végétaux
- cartons non imprimés
- terreau

MATÉRIEL

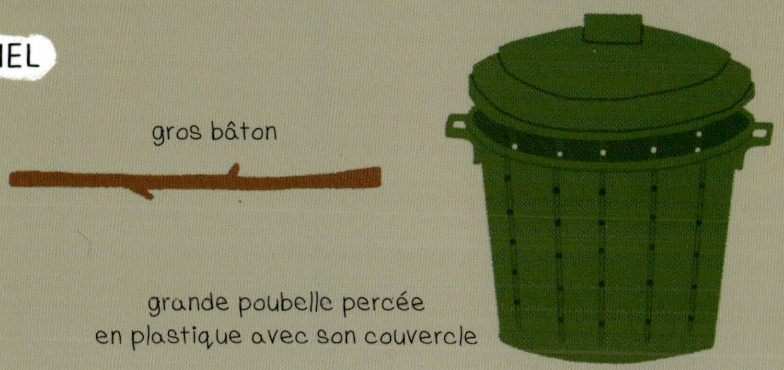

- gros bâton
- grande poubelle percée en plastique avec son couvercle

1. Dépose au fond de la poubelle un peu de terre et de petits végétaux.

2. Dépose ensuite des déchets provenant de la cuisine.

3. Dépose à nouveau des DÉCHETS VÉGÉTAUX du jardin avec de la terre. Remets bien le couvercle de la poubelle.

4. Alterne ces opérations autant de fois que tu veux. Remets bien le couvercle de la poubelle.

5. Remue de temps en temps pour AÉRER ton COMPOST. Vérifie qu'il est toujours humide, ainsi le processus de compostage fonctionnera bien.

6. Utilise le TERREAU ainsi formé pour nourrir tes plantations.

11 activités PRINTEMPS-ÉTÉ

1. **RADIS** sur ton balcon

2. **SALADES** en cagette

3. **TOMATES CERISES** bicolores
4. **FRAISES** en bouteille

5. **COURGETTES** sur ta fenêtre

6. **HARICOTS** en serre

7. **CAPUCINES** en cœur
8. **CACTUS** d'ananas

9. **JARDIN AROMATIQUE** antimoustique

10. **BÉGONIAS** en bouture

11. **JARDIN** zen